Do

DISCARDED
from the Nashville Public Library

D1288575

■ SCHOLASTIC
News
Nonfiction Readers® en español

Cómo crece un renacuajo

Por
Pam Zollman

Children's Press®
An Imprint of Scholastic Inc.
New York Toronto London Auckland Sydney
Mexico City New Delhi Hong Kong
Danbury, Connecticut

NASHVILLE PUBLIC LIBRARY

Consultant: Roy McDiarmid
Research Zoologist and Curator of Amphibians
National Museum of Natural History
Smithsonian Institution, Washington, D.C.

Curriculum Specialist: Linda Bullock

Special thanks to the Kansas City Zoo

Photo Credits:

Photographs © 2005: Dan Suzio Photography: back cover, cover left inset, 1, 2, 4 bottom, 5 top right, 5 bottom left, 6, 7, 8, 10, 11, 12, 13, 17, 20, 21; Dembinsky Photo Assoc.: 4 top, 14 (DPA), 19 top (Skip Moody); Dwight R. Kuhn Photography: cover background, 5 top left, 5 bottom right, 9, 15,19 bottom, 23 top right, 23 bottom left; Michael Durham/www.Durmphoto.com: 23 top left; Photo Researchers, NY: cover right inset (David N. Davis), cover center inset (Gary Meszaros); Tom & Pat Leeson: 23 bottom right.

Book Design: Simonsays Design!

Library of Congress Cataloging-in-Publication Data

Zollman, Pam.
  [Tadpole grows up. Spanish]
  Cómo crece un renacuajo / por Pam Zollman.
      p. cm. — (Scholastic news nonfiction readers en español)
  Includes bibliographical references and index.
  ISBN-13: 978-0-531-20707-9 (lib. bdg.)   978-0-531-20641- 6 (pbk.)
  ISBN-10: 0-531-20707-2 (lib. bdg.)   0-531-20641- 6 (pbk.)
  1. Tadpoles—Juvenile literature. 2. Frogs—Development—Juvenile literature. I. Title
  QL668.E2Z6518 2008
  597.8'139—dc22

2007050259

Copyright © 2008 by Scholastic Inc.
All rights reserved. Published simultaneously in Canada.
Printed in the United States of America.   44
CHILDREN'S PRESS and associated logos are trademarks and or registered trademarks of Scholastic Library Publishing. SCHOLASTIC and associated logos are trademarks and or registered trademarks of Scholastic Inc.

1 2 3 4 5 6 7 8 9 10 R 18 17 16 15 14 13 12 11 10 09

CONTENIDO

Caza de palabras

Busca estas palabras mientras lees. Aparecerán en **negrita.**

alga

embrión

tira

anfibio

globo

renacuajo

gusano

5

¡Mira, renacuajos!

¿Son peces?

No, son **renacuajos.**

Los renacuajos crecen
y se convierten en ranas
o sapos.

renacuajos

Estos renacuajos se convertirán en sapos.

Las ranas y los sapos son **anfibios.**

Los anfibios viven en el agua y en la tierra.

Las ranas tienen la piel lisa.

Los sapos tienen la piel verrugosa.

verruga

sapo

Observa la piel lisa de esta rana.

Los sapos y las ranas ponen sus huevos en lagos, lagunas y charcas.

Las ranas ponen los huevos en **globos.**

Los sapos ponen los huevos en **tiras.**

Los huevos están cubiertos por una sustancia gelatinosa que los protege.

huevos de rana en globos

Estas son tiras de huevos de sapo.

Los **embriones** crecen dentro de los huevos.

Los embriones se convierten en renacuajos.

En 2 o 3 semanas se rompen los huevos y nacen los renacuajos.

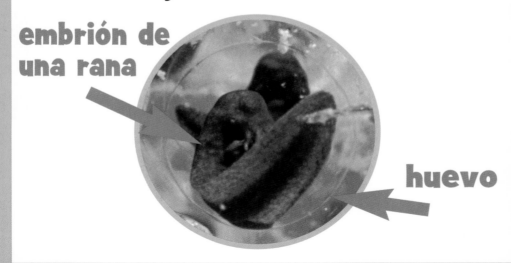

embrión de una rana

huevo

¡Mira! Estos renacuajos
pronto saldrán de los
huevos.

Los renacuajos parecen peces.

Tienen cola, pero no tienen patas.

Las agallas les permiten respirar en el agua.

Los renacuajos comen **algas.** Las algas son plantas que crecen en
el agua.

algas

Este renacuajo de rana nada entre las algas.

¿Qué le está ocurriendo a este renacuajo?

Le están creciendo las patas de atrás.

Las patas de delante le crecerán después.

Los pulmones también le están creciendo.

Los pulmones le servirán para respirar fuera del agua.

Han pasado tres meses.

El renacuajo ha perdido la cola.

¡Es el momento de salir del agua!

Ahora, el renacuajo come insectos y **gusanos.**

Los renacuajos pueden convertirse en sapos.

Los renacuajos pueden convertirse en ranas.

Cómo crece un renacuaj

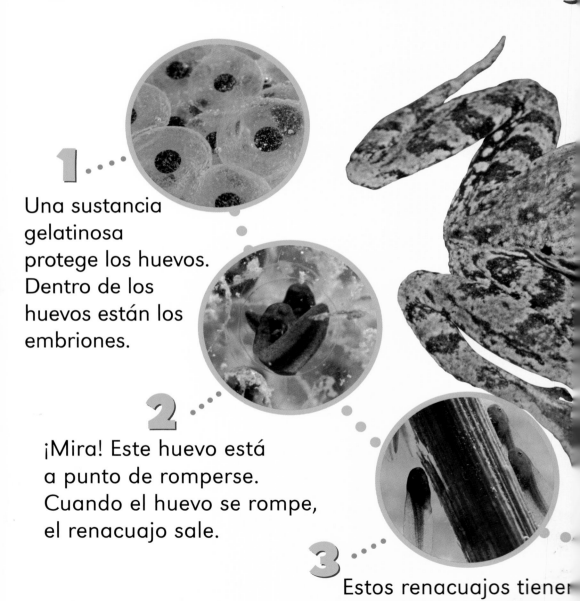

1 · · · ·

Una sustancia
gelatinosa
protege los huevos.
Dentro de los
huevos están los
embriones.

2 · · · · ·

¡Mira! Este huevo está
a punto de romperse.
Cuando el huevo se rompe,
el renacuajo sale.

3 · · · ·

Estos renacuajos tiener
10 días de nacidos.

7 ¿Dónde está la cola? ¡Ha desaparecido! El renacuajo ya creció. Ahora es una rana.

6 Continúa creciendo, pero no ha perdido la cola todavía.

5 El renacuajo está creciendo. ¡Ya tiene las patas de atrás!

4 e renacuajo tiene hambre. ra cómo come!

Nuevas palabras

algas: plantas diminutas que crecen en el agua, no tienen ni raíces ni tallo

anfibio: animal que puede vivir tanto en la tierra como en el agua

embrión: organismo que crece y da lugar a un animal

globo: las ranas depositan sus huevos en forma de globos

gusano: animal sin esqueleto, de cuerpo blando y cilíndrico, que no tiene patas y vive en la tierra

renacuajos: ranas o sapos en su primer estado de crecimiento en el que respiran en el agua a través de agallas, tienen cola y no tienen patas

tira: los sapos depositan sus huevos en forma de tiras

¡Estos animales también ponen sus huevos en el agua!

medusa

tritón

salamandra

trucha

ÍNDICE

UN POCO MÁS

Libro:
Face to Face: Frogs, Scholastic Inc., 2001

Página web:
http://www.enchantedlearning.com/subjects/amphibians/Frog/

SOBRE LA AUTORA:

Pam Zollman es una autora que ha sido premiada por sus cuentos, artículos y libros para niños. Es la autora del libro *North Dakota* (Scholastic Children's Press) y otros libros de esta serie sobre los ciclos de vida. Vive en un área rural de Pensilvania, donde ha jugado con renacuajos, sapos y ranas. Su rana favorita es la rana arbórea.